EDITION J. ARNOUD

SOLFÈGE
COMPLET
DE
RODOLPHE
à Une Voix

Dont les leçons trop hautes ont été baissées.

Broché net: 2f ——— Cartonné net: 2.25

Paris - Librairie Musicale
ALPHONSE LEDUC, Editeur, 3, Rue de Grammont
Propriété réservée pour tous pays
1890

EDITION J. ARNOUD

SOLFÈGE DE RODOLPHE

PREMIÈRE PARTIE—PRINCIPES ÉLÉMENTAIRES

DE LA POSITION DE LA CLÉ (*)

DEMANDE. *Où pose-t-on la Clé de Sol?* **RÉPONSE.** Sur la deuxième ligne.

Du NOMBRE des NOTES qui SERVENT à ÉCRIRE la MUSIQUE

D. *Combien y a-t-il de notes dans la musique?*

R. Sept.

D. *Comment les nomme-t-on?*

R. Ut, Ré, Mi, Fa, Sol, La, Si.

D. *Combien ces sept notes font-elles de tons?*

R. Cinq tons et deux demi-tons diatoniques lorsqu'on y joint l'octave qui est la répétition du premier son.

D. *Sur quels degrés se trouvent les deux demi-tons dans le mode majeur?*

R. Du troisième au quatrième degré, et du septième au huitième degré.

D. *Sur quels degrés se trouvent les deux demi-tons dans le mode mineur?*

R. Du deuxième au troisième degré, et du septième au huitième degré,

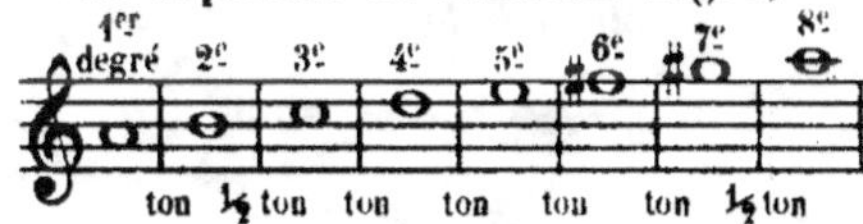

Paris, ALPHONSE LEDUC, Editeur. A.L. 8820. (Gravé chez Alphonse Leduc)

DE LA VALEUR DES NOTES

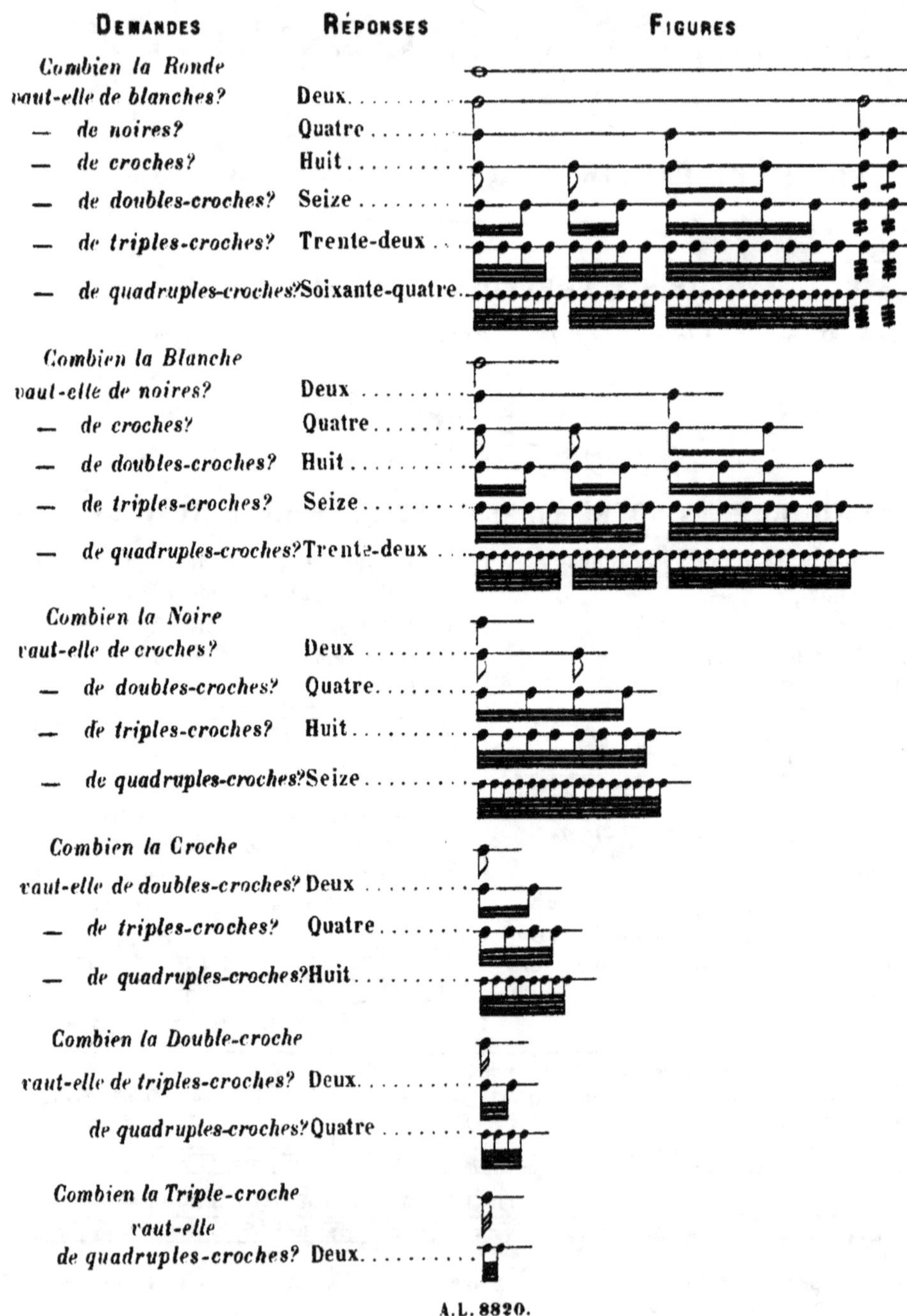

DEMANDES	RÉPONSES	FIGURES
Combien la Ronde vaut-elle de blanches?	Deux.........	
— de noires?	Quatre........	
— de croches?	Huit..........	
— de doubles-croches?	Seize.........	
— de triples-croches?	Trente-deux ...	
— de quadruples-croches?	Soixante-quatre...	
Combien la Blanche vaut-elle de noires?	Deux	
— de croches?	Quatre........	
— de doubles-croches?	Huit..........	
— de triples-croches?	Seize.........	
— de quadruples-croches?	Trente-deux ...	
Combien la Noire vaut-elle de croches?	Deux	
— de doubles-croches?	Quatre........	
— de triples-croches?	Huit..........	
— de quadruples-croches?	Seize.........	
Combien la Croche vaut-elle de doubles-croches?	Deux	
— de triples-croches?	Quatre........	
— de quadruples-croches?	Huit..........	
Combien la Double-croche vaut-elle de triples-croches?	Deux	
de quadruples-croches?	Quatre........	
Combien la Triple-croche vaut-elle de quadruples-croches?	Deux	

DE LA VALEUR DU POINT APRÈS LA NOTE

D. *Que fait le point après une note quelconque?*

R. Il augmente la note de la moitié de sa valeur.

D. *Combien vaut une ronde avec un point?* ....

R. Trois blanches ....

D. *Combien vaut une blanche avec un point?* ....

R. Trois noires ....

D. *Combien vaut une noire avec un point?* ....

R. Trois croches ....

D. *Combien vaut une croche avec un point?* ....

R. Trois doubles-croches ....

D. *Combien vaut une double-croche avec un point?* ....

R. Trois triples-croches ....

D. *Combien vaut une triple-croche avec un point?* ....

R. Trois quadruples-croches ....

Un second point augmente encore la note de la moitié de la valeur du premier point.

EXEMPLE

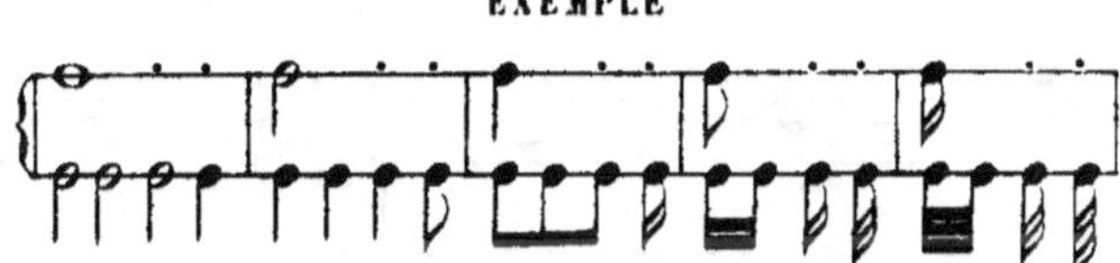

Le point et le second point se placent aussi après les silences avec les mêmes conditions de valeur que pour les notes.

Il y a des groupes de trois et de six notes, désignés par un *3* ou par un *6* qu'on appelle *triolets* et *sextolets*; les triolets prennent la valeur de deux notes et les sextolets la valeur de quatre.

EXEMPLE

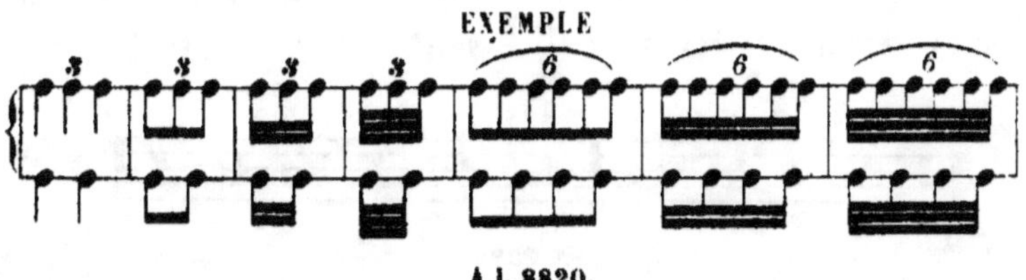

DU NOM ET DE LA VALEUR DES SILENCES

D. *Comment marque-t-on le silence d'une ronde?*

R. Par une pause.
(La pause se place sous la ligne.)

D. *Comment marque-t-on le silence d'une blanche?*

R. Par une demi-pause.
(La demi-pause se place sur la ligne.)

D. *Comment marque-t-on le silence d'une noire?*

R. Par un soupir.

D. *Comment marque-t-on le silence d'une croche?*

R. Par un demi-soupir.

D. *Comment marque-t-on le silence d'une double-croche?*

R. Par un quart de soupir.

D. *Comment marque-t-on le silence d'une triple-croche?*

R. Par un huitième ou demi-quart de soupir.

D. *Comment marque-t-on le silence d'une quadruple-croche?*

R. Par un seizième de soupir.

D. *Comment marque-t-on le silence de deux mesures?*

R. Par un seul signe que l'on nomme bâton de deux pauses.

D. *Comment marque-t-on le silence de quatre mesures?*

R. Par un seul signe que l'on nomme bâton de quatre pauses.

FIGURES

La pause sert aussi de silence pour toute espèce de mesure.

Assez généralement on indique par un chiffre au-dessus du signe le nombre des mesures qu'il faut compter en silence, et, quand on a un nombre qui excède celui de quatre, on le marque avec les signes désignés ci-dessus répétés autant de fois qu'il est nécessaire pour former le nombre que l'on désire.

DES SIGNES DE MESURE

D. *Combien y a-t-il de mesures usitées?*

R. Trois: la mesure à QUATRE TEMPS, la mesure à DEUX TEMPS et la mesure à TROIS TEMPS.

D. *Comment se marque la mesure à quatre temps?*

R. Par un C.

D. *Comment se marque la mesure à deux temps?*

R. Par le chiffre 2, ou par le chiffre 2 avec un 4 dessous, ou par un C barré.

D. *Comment se marque la mesure à trois temps?*

R. Par le chiffre 3, ou par le chiffre 3 avec un 4 dessous.

Battre la mesure, c'est indiquer par des mouvements de bras la division des temps qui la composent.

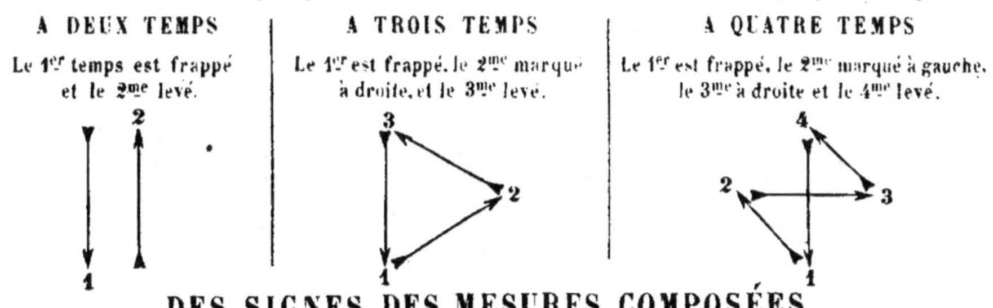

DES SIGNES DES MESURES COMPOSÉES
dérivées des mesures simples

D. *Combien y a-t-il de mesures composées?*

R. Trois: la mesure à six-huit, la mesure à neuf-huit et la mesure à douze-huit.

D. *Comment se marque la mesure à six-huit?*

R. Par le chiffre 6 avec un 8 dessous.

D. *Comment se marque la mesure à neuf-huit?*

R. Par le chiffre 9 avec un 8 dessous.

D. *Comment se marque la mesure à douze-huit?*

R. Par le chiffre 12 avec un 8 dessous.

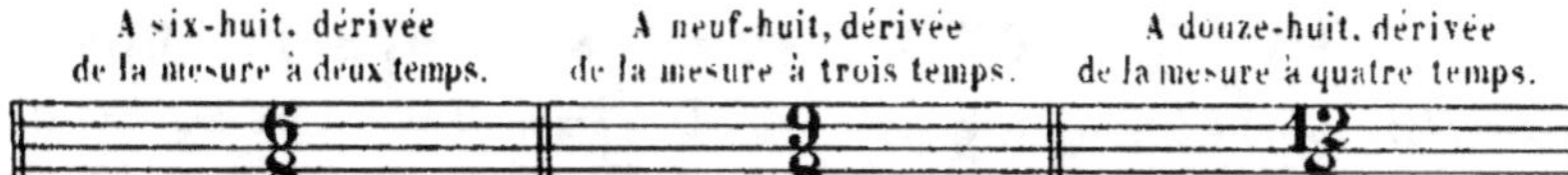

RÈGLE.—Lorsque la mesure est indiquée par deux nombres placés l'un sur l'autre, si ces nombres sont pairs tous deux, la mesure se bat à deux temps; s'il y en a un d'impair, la mesure se bat à trois temps.

Comme seule exception, la mesure $\frac{12}{8}$ se bat à quatre temps.

AUTRE RÈGLE.— Dans le même cas de deux nombres placés l'un sur l'autre pour marquer la mesure, le nombre inférieur indique quelles sont les valeurs de la ronde dont se compose la mesure, et le nombre supérieur en quelle quantité elles y entrent.

Ainsi dans la mesure $\frac{2}{4}$ le chiffre supérieur signifie que la mesure est formée de deux fois la valeur du nombre inférieur, qui lui-même indique que ces valeurs sont des quarts de ronde; le quart de la ronde étant la noire, $\frac{2}{4}$ signifiera que la mesure se compose de deux noires.

De même $\frac{3}{4}$ indique une mesure qui se compose de trois quarts de ronde ou trois noires.

De la FIGURE et de l'EFFET du DIÈSE, du BÉMOL et du BÉCARRE

Le DIÈSE se marque ainsi: #.
Le BÉMOL se marque ainsi: ♭.
Le BÉCARRE se marque ainsi: ♮.

D. *Dans quel mode sont les notes naturelles?*

R. Dans le ton d'Ut naturel.

D. *Que fait le dièse devant une note naturelle?*

R. Il hausse la note d'un demi-ton chromatique.

D. *Que fait le bémol devant une note naturelle?*

R. Il baisse la note d'un demi-ton chromatique.

D. *Comment faut-il que la note soit pour pouvoir mettre un dièse ou un bémol devant?*

R. Il faut que la note soit naturelle.

D. *Que fait le bécarre devant une note?*

R. Il remet la note dans son ton naturel.

D. *Comment faut-il que la note soit pour pouvoir mettre un bécarre devant?*

R. Il faut que la note soit diésée ou bémolisée.

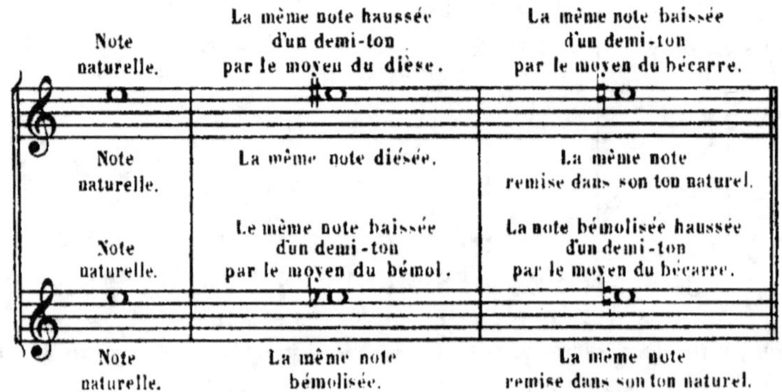

Le DOUBLE-DIÈSE se marque ainsi: # ou x.

D. *Que fait le x devant une note naturelle?*

R. Il élève la note deux fois plus que le simple #.

Le DOUBLE-BÉMOL se marque ainsi: ♭♭.

D. *Que fait le ♭♭ devant une note naturelle?*

R. Il baisse la note deux fois plus que le simple ♭.

DE LA POSITION DES DIÈSES ET DES BÉMOLS

D. *Comment se posent les dièses?*

R. De quinte en quinte en montant.

D. *Où se pose le premier #?* **R.** Sur le Fa.

D. — *le deuxième?* **R.** Sur le Do.

D. — *le troisième?* **R.** Sur le Sol.

D. — *le quatrième?* **R.** Sur le Ré.

D. — *le cinquième?* **R.** Sur le La.

D. — *le sixième?* **R.** Sur le Mi.

D. — *le septième?* **R.** Sur le Si.

D. *Comment se posent les bémols.*

R. De quinte en quinte en descendant.

D. *Où se pose le premier ♭?* **R.** Sur le Si.

D. — *le deuxième?* **R.** Sur le Mi.

D. — *le troisième?* **R.** Sur le La.

D. — *le quatrième?* **R.** Sur le Ré.

D. — *le cinquième?* **R.** Sur le Sol.

D. — *le sixième?* **R.** Sur le Do.

D. — *le septième?* **R.** Sur le Fa.

De la DISTINCTION du MODE MAJEUR et du MODE MINEUR

D. *Combien y a-t-il de modes?*

R. Deux, le mode majeur et le mode mineur.

D. *Quel est le modèle des tons majeurs?*

R. C'est le ton d'Ut naturel.

D. *Quel est le modèle des tons mineurs?*

R. C'est le ton de La naturel.

D. *Qu'entendez-vous par ton naturel?*

R. C'est lorsqu'il n'y a ni dièses ni bémols à la clé.

MODE MAJEUR

D. *A quoi reconnait-on qu'un mode est majeur?*

R. Quand il y a deux tons du premier au troisième degré.

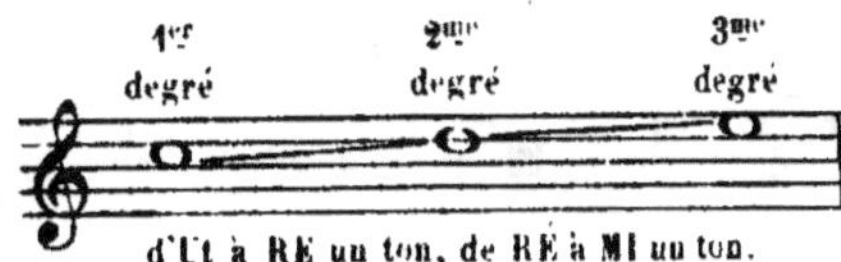

MODE MINEUR

D. *A quoi reconnait-on qu'un mode est mineur?*

R. Quand il n'y a qu'un ton et un demi-ton du premier au troisième degré.

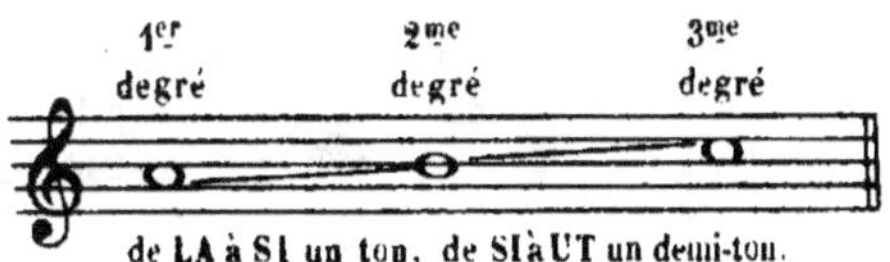

DU NOMBRE DE DIÈSES QU'IL FAUT A CHAQUE TON
avec son relatif

D. *Dans quel ton est un morceau lorsqu'il n'y a ni dièses ni bémols à la clé?*

R. En UT majeur ou en LA mineur. Ex. 1.

D. *Dans quel ton est-on avec un dièse à la clé?*

R. En SOL majeur ou en MI mineur. Ex. 2.

D. *Et avec deux dièses?*

R. En RÉ majeur ou en SI mineur. Ex. 3.

D. *Et avec trois dièses?*

R. En LA majeur ou en FA ♯ mineur. Ex. 4.

D. *Et avec quatre dièses?*

R. En MI majeur ou en UT ♯ mineur. Ex. 5.

D. *Et avec cinq dièses?*

R. En SI majeur ou en SOL ♯ mineur. Ex. 6.

D. *Et avec six dièses?*

R. En FA ♯ majeur ou en RÉ ♯ mineur. Ex. 7.

D. *Et avec sept dièses?*

R. En UT ♯ majeur ou en LA ♯ mineur. Ex. 8.

EXEMPLES

1	2	3	4	5	6	7	8
UT majeur.	SOL majeur.	RÉ majeur.	LA majeur.	MI majeur.	SI majeur.	FA ♯ majeur.	UT ♯ majeur.
LA mineur relatif d'UT majeur.	MI mineur relatif de SOL majeur.	SI mineur relatif de RÉ majeur.	FA ♯ mineur relatif de LA majeur.	UT ♯ mineur relatif de MI majeur.	SOL ♯ mineur relatif de SI majeur.	RÉ ♯ mineur relatif de FA ♯ majeur.	LA ♯ mineur relatif d'UT ♯ majeur.

DU NOMBRE DE BÉMOLS QU'IL FAUT A CHAQUE TON
avec son ton relatif

D. *Dans quel ton est un morceau avec un bémol à la clé?*

R. En FA majeur ou en RÉ mineur. Ex 1.

D. *Et avec deux bémols?*

R. En SI ♭ majeur ou en SOL mineur. Ex 2.

D. *Et avec trois bémols?*

R. En MI ♭ majeur ou en UT mineur. Ex 3.

D. *Et avec quatre bémols?*

R. En LA ♭ majeur ou en FA mineur. Ex 4.

D. *Et avec cinq bémols?*

R. En RÉ ♭ majeur ou en SI ♭ mineur. Ex 5.

D. *Et avec six bémols?*

R. En SOL ♭ majeur ou en MI ♭ mineur. Ex 6.

D. *Et avec sept bémols?*

R. En UT ♭ majeur ou en LA ♭ mineur. Ex 7.

EXEMPLES

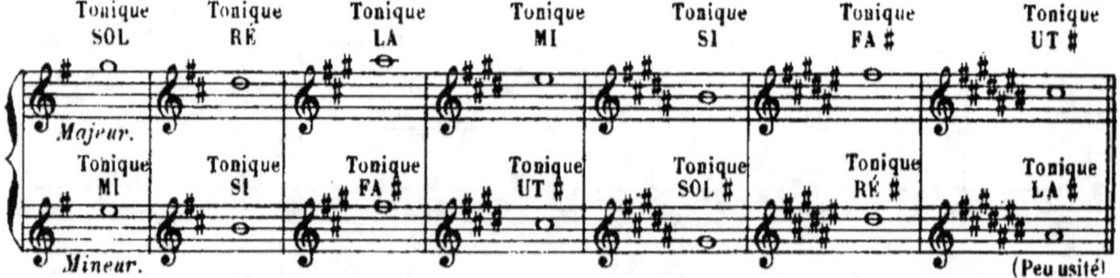

MOYEN DE CONNAÎTRE LA TONALITÉ
dans les modes majeurs et mineurs avec des dièses

D. *Dans les modes majeurs avec des dièses, où se pose la tonique?*

R. Un demi-ton diatonique au-dessus du dernier dièse posé à la clé.

D. *Dans les modes mineurs avec des dièses, où se pose la tonique?*

R. Un ton au-dessous du dernier dièse posé à la clé.

TABLEAU DE TOUS LES MODES MAJEURS ET MINEURS
AVEC DES DIÈSES

Remarquez que la tonique est posée *un degré au-dessus du dernier dièse* dans les modes majeurs, et *un degré au-dessous du dernier dièse* dans les modes mineurs avec dièses.

MOYEN DE CONNAÎTRE LA TONIQUE
dans les modes majeurs et mineurs avec des bémols

D. *Dans les modes majeurs avec des bémols où se pose la tonique?*

R. Quatre degrés au-dessous du dernier
bémol posé à la clé.(*)

D. *Dans les modes mineurs avec des bémols où se pose la tonique?*

R. Six degrés au dessous du dernier bémol posé à la clé.

TABLEAU DE TOUS LES TONS MAJEURS ET MINEURS
AVEC DES BÉMOLS

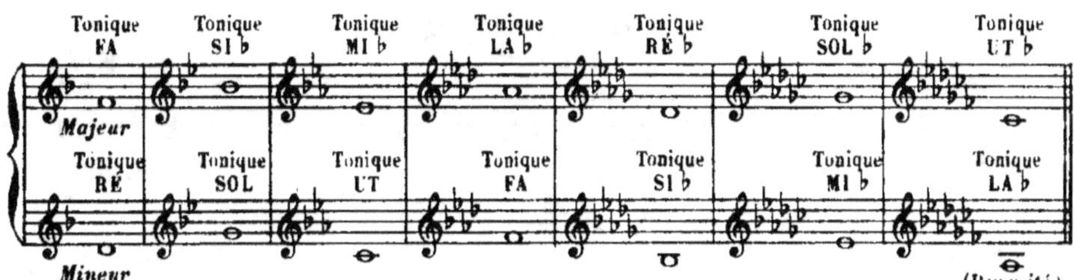

Remarquez que la tonique est posée *quatre degrés au-dessous du dernier bémol* dans les modes
majeurs, et *six degrés au-dessous du dernier bémol* dans les modes mineurs avec bémols.

POUR SE FAMILIARISER
avec les degrés de toutes les gammes

D. *Combien y a-t-il de notes dans la gamme?*   **R.** Huit.

D. *Combien ces huit notes font-elles de degrés?*   **R.** Huit.

D. *Quel est le premier degré d'un mode quelconque?*   **R.** C'est la tonique.

GAMME DU TON D'UT
SERVANT DE RÈGLE POUR TOUS LES TONS

D. *Dans le ton d'Ut quel est le premier
degré?*

R. C'est l'Ut ou tonique.

D. *Quel est le deuxième degré?*

R. C'est le Ré ou sus-tonique.

D. *Quel est le troisième degré?*

R. C'est le Mi ou médiante.

D. *Quel est le quatrième degré?*

R. C'est le Fa ou sous-dominante.

D. *Quel est le cinquième degré?*

R. C'est le Sol ou dominante.

D. *Quel est le sixième degré?*

R. C'est le La ou sus-dominante.

D. *Quel est le septième degré?*

R. C'est le Si ou sensible.

D. *Quel est le huitième degré?*

R. C'est l'Ut ou octave.

(*) Dans le mode majeur l'avant-dernier bémol indique la position de la tonique. Quand il n'y a qu'un bémol il
faut se rappeler que la tonique est *Fa*.

10

D. *Est-il nécessaire de nommer l'octave huitième degré?*

R. Il est indifférent de nommer l'octave huitième ou premier degré, vu que l'octave n'est
que la répétition du premier degré que l'on nomme tonique.

GAMME DU TON D'UT

GAMME DU TON DE SOL

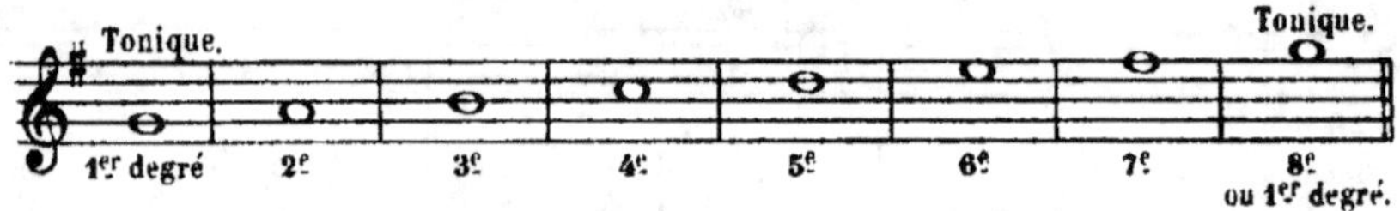

Le même ordre subsiste dans toutes les autres gammes.

DES DEUX GENRES DE DEMI-TONS
et de la manière de les distinguer

D. *Combien y a-t-il de sortes de demi-tons?*

R. Deux, le demi-ton diatonique et le demi-ton chromatique.

D. *Comment connaît-on le demi-ton diatonique?*

R. C'est lorsque deux notes sont placées l'une sur la ligne et l'autre dans l'intervalle le
plus prochain.

EXEMPLES DE DEMI-TONS DIATONIQUES

D. *Comment connaît-on le demi-ton chromatique?*

R. C'est lorsque deux notes sont sur la même ligne ou sur le même intervalle par le moyen du dièse ou du bémol.

EXEMPLES DE DEMI-TONS CHROMATIQUES

INTERVALLES DES NOTES DANS L'ORDRE NATUREL

D. *Comment nomme-t-on deux notes sur le même degré, je suppose Ut et Ut?*   **R.** Unisson.

D. *Comment nomme-t-on la distance d'Ut à Ré?*   **R.** Seconde.

D. —— —— *d'Ut à Mi?*   **R.** Tierce.

D. —— —— *d'Ut à Fa?*   **R.** Quarte.

D. —— —— *d'Ut à Sol?*   **R.** Quinte.

D. —— —— *d'Ut à La?*   **R.** Sixte.

D. —— —— *d'Ut à Si?*   **R.** Septième.

D. —— —— *d'Ut à Ut?*   **R.** Octave.

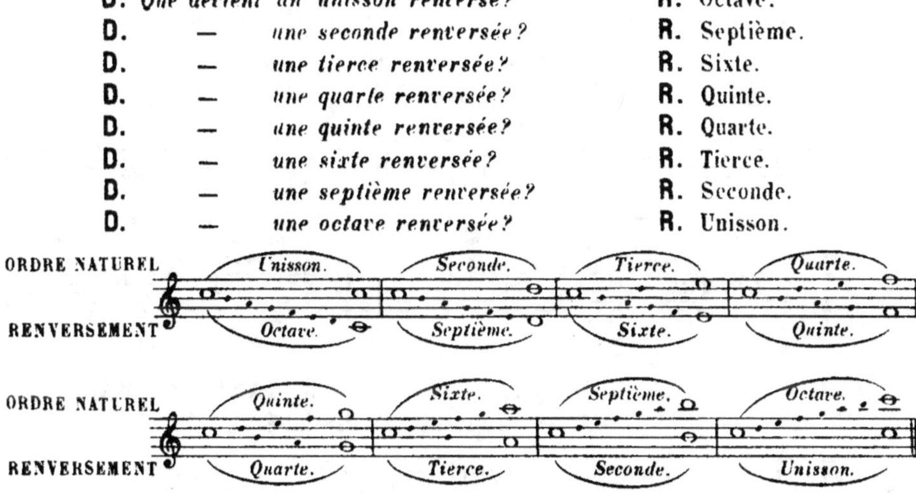

RENVERSEMENT des INTERVALLES dans l'ORDRE NATUREL (*)

D. *Que devient un unisson renversé?*   **R.** Octave.

D. — *une seconde renversée?*   **R.** Septième.

D. — *une tierce renversée?*   **R.** Sixte.

D. — *une quarte renversée?*   **R.** Quinte.

D. — *une quinte renversée?*   **R.** Quarte.

D. — *une sixte renversée?*   **R.** Tierce.

D. — *une septième renversée?*   **R.** Seconde.

D. — *une octave renversée?*   **R.** Unisson.

(*) On trouvera aisément le renversement d'un intervalle donné en se rappelant que les nombres qui distinguent un intervalle de son renversement, étant réunis, doivent former le nombre neuf. Ainsi l'unisson (marqué par le nombre 1) donne l'octave (marqué par le nombre 8) la seconde donne la septième, la tierce donne la sixte, la quarte donne la quinte, la sixte donne la tierce, la septième donne la seconde; de l'addition de chacun de ces couples résulte le nombre neuf.

COMPOSITION DES INTERVALLES

D. *De quoi est composée une seconde mineure?*   **R.** D'un demi-ton.
D. ———— *une seconde majeure?*   **R.** D'un ton.
D. ———— *une seconde augmentée?*   **R.** D'un ton et d'un demi-ton.

D. ———— *une tierce diminuée?*   **R.** De deux demi-tons.
D. ———— *une tierce mineure?*   **R.** D'un ton et d'un demi-ton.
D. ———— *une tierce majeure?*   **R.** De deux tons.

D. ———— *une quarte diminuée?*   **R.** D'un ton et deux demi-tons.
D. ———— *une quarte juste?*   **R.** De deux tons et un demi-ton.
D. ———— *une quarte augmentée?*   **R.** De trois tons.

D. ———— *une quinte diminuée?*   **R.** De deux tons et deux demi-tons.
D. ———— *une quinte juste?*   **R.** De trois tons et un demi-ton.
D. ———— *une quinte augmentée?*   **R.** De trois tons et deux demi-tons.

D. ———— *une sixte mineure?*   **R.** De trois tons et deux demi-tons.
D. ———— *une sixte majeure?*   **R.** De quatre tons et un demi-ton.
D. ———— *une sixte augmentée?*   **R.** De quatre tons et deux demi-tons.

D. ———— *une septième diminuée?*   **R.** De trois tons et trois demi-tons.
D. ———— *une septième mineure?*   **R.** De quatre tons et deux demi-tons.
D. ———— *une septième majeure?*   **R.** De cinq tons et d'un demi-ton.

D. ———— *l'octave?*   **R.** De cinq tons et deux demi-tons.

TALEAU GÉNÉRAL DES INTERVALLES

Du RENVERSEMENT des INTERVALLES du MINEUR au MAJEUR
et de l'augmenté au diminué

D. *Que devient une seconde mineure renversée?*   **R.** Une septième majeure.
D. — *une seconde majeure renversée?*   **R.** Une septième mineure.
D. — *une seconde augmentée renversée?*   **R.** Une septième diminuée.

D. — *une tierce diminuée renversée?*   **R.** Une sixte augmentée.
D. — *une tierce mineure renversée?*   **R.** Une sixte majeure.
D. — *une tierce majeure renversée?*   **R.** Une sixte mineure.

A.L. 8820.

D. *Que devient une quarte diminuée renversée?*   **R.** Une quinte augmentée.
D.   —   *une quarte juste renversée?*   **R.** Une quinte juste.
D.   —   *une quarte augmentée renversée?*   **R.** Une quinte diminuée.

D.   —   *une quinte diminuée renversée?*   **R.** Une quarte augmentée.
D.   —   *une quinte juste renversée?*   **R.** Une quarte juste.
D.   —   *une quinte augmentée renversée?*   **R.** Une quarte diminuée.

D.   —   *une Sixte mineure renversée?*   **R.** Une tierce majeure.
D.   —   *une Sixte majeure renversée?*   **R.** Une tierce mineure.
D.   —   *une Sixte augmentée renversée?*   **R.** Une tierce diminuée.

D.   —   *une Septième diminuée renversée?*   **R.** Une seconde augmentée.
D.   —   *une Septième mineure renversée?*   **R.** Une seconde majeure.
D.   —   *une Septième majeure renversée?*   **R.** Une seconde mineure.

DES AGRÉMENTS DU CHANT

Le PORT DE VOIX que l'on nomme aussi note de goût, d'agrément ou petite note, est désigné par une note plus petite que les autres. La petite note ne se nomme point en solfiant, on la fait seulement sentir en nommant la note avec laquelle elle est liée. On verra dans les exemples suivants l'emploi de la petite note sur tous les intervalles possibles.

14

NOTES DÉTACHÉES

Les notes détachées sec sont quelquefois désignées par des petits points ou des petites barres que l'on met au-dessus.

NOTES COULÉES, LIÉES et SYNCOPÉES

Les notes coulées, liées ou syncopées sont désignées par ce signe

REPRISES

Les quatre signes marqués ci-après servent à séparer les reprises d'un morceau de musique.

Le premier signe, qui n'a pas de points, marque qu'il faut aller de suite; le second, qui a des points à gauche, marque qu'il faut dire deux fois la première reprise, le troisième, qui a des points à droite, marque qu'il faut dire deux fois la seconde reprise; enfin le quatrième, qui a des points des deux côtés, marque qu'il faut dire deux fois chaque reprise.

RENVOI

Le *Renvoi* ℅ sert à ramener de la fin d'un morceau de musique au commencement. On met toujours deux renvois; le second ramène au premier.

POINT D'ORGUE

Le *Point d'orgue*, que l'on nomme aussi *Fermat* ou *Point d'arrêt*, est un repos que l'on fait plus ou moins long.

Pendant ce repos la partie récitante (s'il y en a une) a quelquefois le loisir de faire différents passages à sa volonté. Dans d'autres cas, le point d'orgue est un repos général.

SIGNES D'INTENSITÉ

Le signe marqué ainsi ⟨ sert à indiquer qu'il faut augmenter les sons.

Le signe marqué ainsi ⟩ sert à indiquer qu'il faut diminuer les sons.

Et le signe marqué ainsi ⟨⟩ sert à indiquer qu'il faut augmenter le son jusqu'au milieu, et ensuite le diminuer.

CADENCES

La *Cadence* ou *Trille* se fait par le moyen de deux notes que l'on fait entendre successivement; le battement de ces deux notes prend ordinairement son appui sur la pénultième note d'une phrase musicale.

Il y a deux sortes de cadences: l'une est la cadence pleine, elle consiste à ne commencer le battement de voix qu'après en avoir appuyé la note supérieure; l'autre s'appelle cadence brisée, et l'on y fait le battement de voix sans aucune préparation.

CADENCE PRÉPARÉE

CADENCE SANS PRÉPARATION

LISTE DES TERMES ITALIENS
pour l'indication des mouvements et des nuances

1º *INDICATIONS DE MOUVEMENTS*

D. *Qu'est-ce que le mouvement en musique?*

R. Le mouvement est le degré de lenteur ou de vitesse que l'on donne à la mesure, et dans lequel on exécute un morceau de musique.

TERMES ITALIENS	SIGNIFICATIONS
Grave	Grave, le plus lent de tous les mouvements.
Largo	Large, sévère.
Lento	Lent.
Larghetto	Largement, moins sévère que Largo.
Adagio	Lentement, posément.
Sostenuto	Soutenu, lentement en soutenant les sons.
Maestoso	Majestueux.
Affettuoso	Affectueux.
Cantabile	Chanter avec goût, avec grâce.
Tempo di minuetto	Temps de menuet.
Tempo di marcia	Temps de marche.
Andante	Allez, mouvement gracieux.
Andantino	Un peu moins lent que l'Andante.
Tempo giusto	Temps juste, ni trop lent, ni trop vite.
Grazioso	Gracieux.
Allegretto ou All^tto	D'une vivacité modérée et gracieuse.
Allegro ou All^o	Gai, vif.
Presto	Vif, animé, rapide.
Prestissimo	Très vif, impétueux.

TERMES AJOUTÉS AUX INDICATIONS DE MOUVEMENT

Doloroso	Douloureux.
Con espressione	Avec expression.
Moderato	Modéré.
Comodo	Commode.
Non troppo	Pas trop.
Quasi	Presque.
Con brio	Brillant.
Brioso	Vif, agile.
Agitato	Agité.
Scherzando	Gai, léger, en badinant.
Mosso	Animé.
Con moto	Avec mouvement.
Molto	Beaucoup.
Assai	Idem.

2º INDICATIONS DE NUANCES ET D'EXPRESSION

D. *Qu'indiquent les nuances?*

R. Les nuances indiquent le degré de force ou de faiblesse que l'on doit donner aux sons dans le cours d'un morceau.

TERMES ITALIENS	ABRÉVIATIONS	SIGNIFICATIONS
Piano	*p*	Faible, doux.
Pianissimo	*pp*	Très faible, très doux.
Dolce	*Dol.*	Doux.
Forte	*f*	Fort.
Fortissimo	*ff*	Très fort.
Mezzo-forte	*mf*	Demi-fort.
Sforzando	*sf*	Forcé subitement.
Rinforzando	*Rinf.*	En renforçant.
Crescendo	*Cresc.*	En augmentant de force.
Decrescendo	*Decresc.*	En diminuant de force.
Diminuendo	*Dim.*	Idem.
Smorzando	*Smorz.*	En mourant, éteindre.
Morendo	*Moren.*	Idem.
Legato	*Leg.*	Lié.
Staccato	*Stacc.*	Détaché.
Portamento	*Portam.*	Porté.
Ritardando	*Ritard.*	En retardant.
Rallentando	*Rall.*	En ralentissant.
Ritenuto	*Rit.*	Retenu.
Accellerando	*Accel.*	En accélérant.
Stringendo	*String.*	En serrant.
A tempo ou Tempo 1º		Premier mouvement.
Espressivo	*Espress.*	Expressif.
Leggiero	*Legg.*	Léger.
Con anima		Avec âme.
Con spirito		Avec chaleur.
Con grazia		Avec grâce.
Con giusto		Avec goût.
Con delicatezza		Avec délicatesse.
Con allegretto		Avec joie, allégresse.
Con fuoco		Avec feu.
Calando		En échauffant l'exécution.
Con calore		Avec chaleur.
Con forza		Avec force.
Animato		Animé.
Ben marcato		Bien marqué.
Ad libitum		A volonté.
A piacere		A plaisir.
Poco a poco		Peu à peu.

DEUXIÈME PARTIE

LEÇONS PRÉLIMINAIRES

18

Gamme par Intervalle de Seconde.
N.º 10
Gamme par Intervalle de Tierce.
N.º 11
Résumé de la leçon précédente.
N.º 12

A. L. 8820.

Gamme par Intervalle de Quarte.
N.º 13
Résumé de la leçon précédente
N.º 14
Gamme par Intervalle de Quinte.
N.º 15

A. L. 8820.

N.º 16
Résumé de la leçon précédente.

Gamme par Intervalle de Sixte.
N.º 17

Résumé de la leçon précédente.
N.º 18

Gamme par Intervalle de Septième.
N.º 19

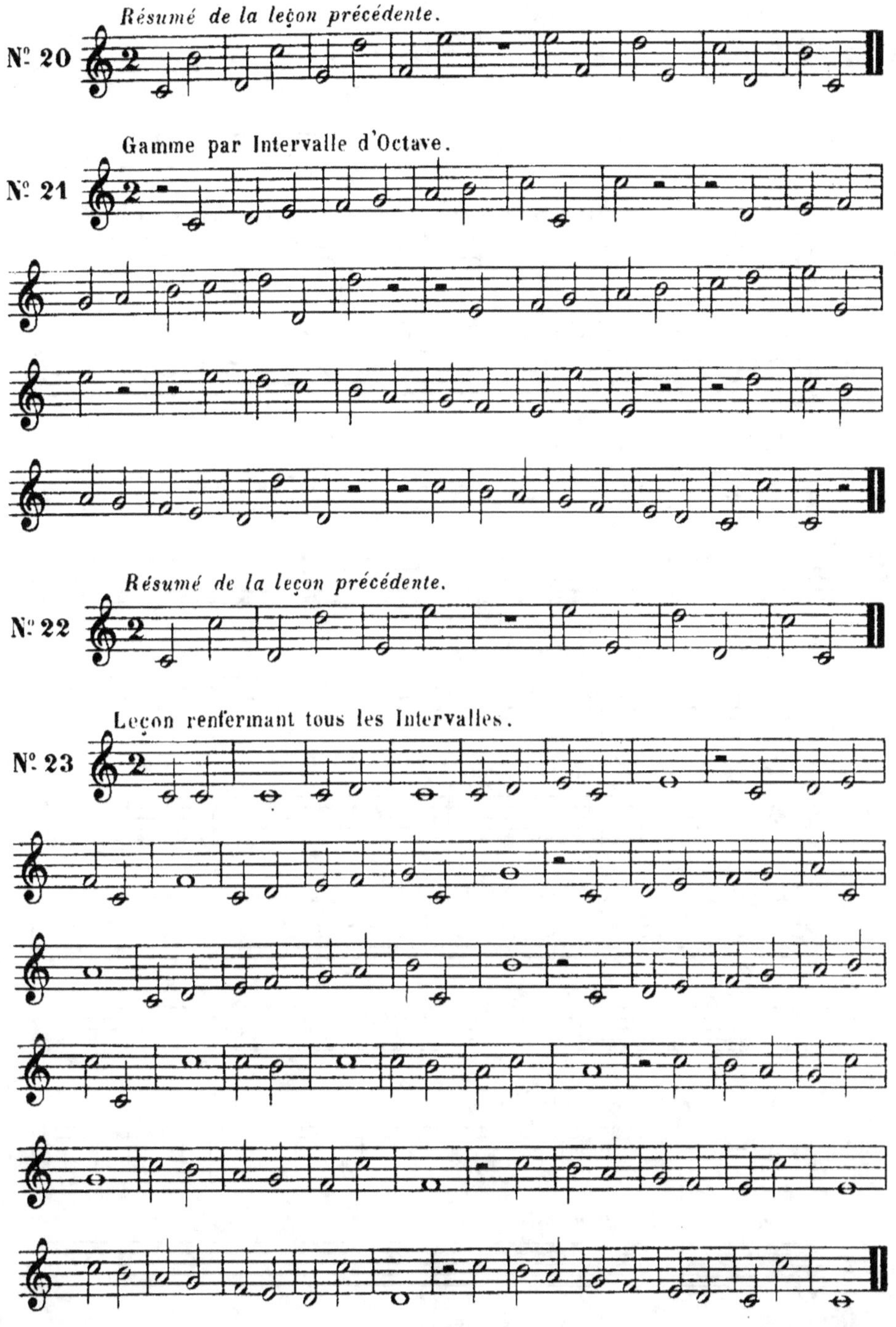
Résumé de la leçon précédente.
N.º 20
Gamme par Intervalle d'Octave.
N.º 21
Résumé de la leçon précédente.
N.º 22
Leçon renfermant tous les Intervalles.
N.º 23

Résumé de la leçon précédente.
N.º 24
Leçon pour se familiariser avec l'Intervalle de Quinte diminuée ou fausse 5.te
N.º 25
Leçon pour se familiariser avec l'Intervalle de Quarte augmentée ou Triton.
N.º 26
Etendue de la Voix naturelle.
N.º 27
Leçon par Tierces sur les lignes.
N.º 28
Leçon par Tierces dans les interlignes.
N.º 29
Leçon par Tierces, Octaves et Dixièmes (ou Octaves de la Tierce)
N.º 30
Leçon par Tierces et Dixièmes.
N.º 31
Leçon avec des Rondes et Pauses.
N.º 32

tr
Leçon avec des Blanches.
N.º 33
Leçon avec des Noires.
N.º 34
Leçon avec des Croches.
N.º 35
Rondes et Blanches.
N.º 36

24
Rondes et Noires.
N.º 37
Rondes et Croches.
N.º 38
Rondes, Blanches et Noires.
N.º 39
Rondes, Blanches, Noires et Croches.
N.º 40
A. L. 8820.

Leçon avec une Blanche et quatre Croches.
N.º 41
Leçon avec une Blanche et deux Noires.
N.º 42
Réduction de la précédente leçon en Noires et en Croches.
N.º 43
Leçon avec deux Noires et une Blanche.
N.º 44
Réduction de la leçon précédente.
N.º 45
tr

N° 46
Leçon pour observer la valeur du Point après une Blanche.
FIN
N° 47
Réduction de la leçon précédente.
FIN
N° 48
Leçon avec des Noires pointées, des Croches et des Blanches.
FIN
N° 49
Réduction de la leçon précédente.
FIN
N° 50
Leçon pour observer le Premier temps de la mesure.

La même leçon réduite en Noires, pour observer le Soupir.
No 51
La même leçon réduite en Croches, pour observer le Demi-soupir.
No 52
Leçon avec deux Noires entre deux Soupirs.
No 53
Réduction de la leçon précédente.
No 54
Leçon avec des Croches et un Silence au commencement et à la fin de chaque mesure.
No 55

Leçon avec deux Rondes sur le même degré faisant Liaison et Syncope.
Nº 56
Réduction de la leçon 56.
Nº 57
Réduction de la leçon 57.
Nº 58
Réduction de la leçon 58.
Nº 59
Résumé des quatre leçons précédentes.
Nº 60
Leçon avec une Blanche faisant Syncope entre deux Noires.
Nº 61
Résumé de la leçon précédente.
Nº 62
Résumé des leçons précédentes.
Nº 63

N° 64 — Leçon pour la mesure à trois temps avec la Blanche pointée.

N° 65 — Leçon avec une Blanche et une Noire.

N° 66 — Leçon à l'inverse de la précédente.

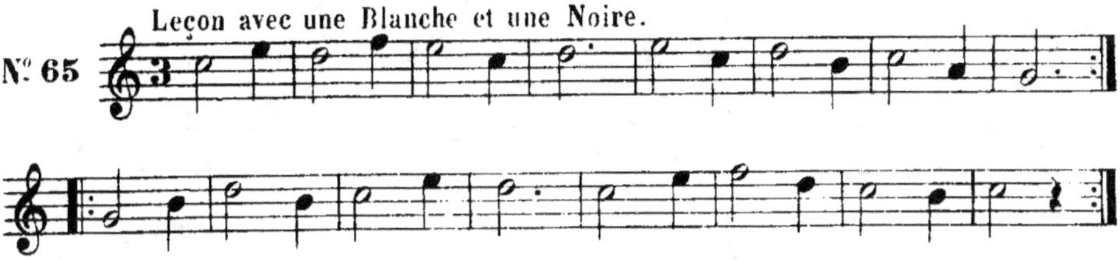

N° 67 — Résumé des deux leçons précédentes.

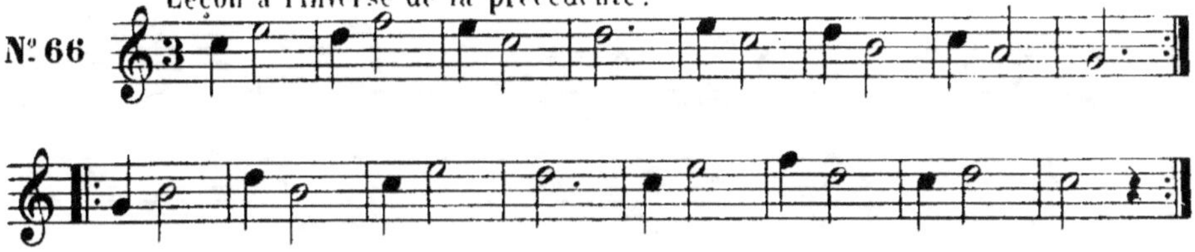

THÊME suivi de DOUZE VARIATIONS et d'un RÉSUMÉ.

NOTA. On étudiera et l'on répètera plusieurs fois les huit premières mesures du *Thème* avant de passer aux huit dernières; de même pour chacune des *Variations*.

N° 68 — THÊME

1re VAR.
FIN
2e VAR.
FIN
3e VAR.
FIN
4e VAR.
FIN
5e VAR.

31
FIN
6º VAR.
FIN
7º VAR.
FIN
8º VAR.
FIN
9º VAR.
FIN
A.L. 8820.

10.e VAR.
11.e VAR.
12.e VAR.
RÉSUMÉ
FIN
FIN
FIN
FIN
FIN

Leçon pour apprendre à syncoper sur deux notes égales.
N.º 69
Leçon pour apprendre à syncoper une Blanche et une Noire.
N.º 70
Résumé des deux leçons précédentes.
N.º 71
FIN des LEÇONS PRÉLIMINAIRES
A. L. 8820.

TROISIÈME PARTIE

LEÇONS GRADUÉES
dans tous les Tons.

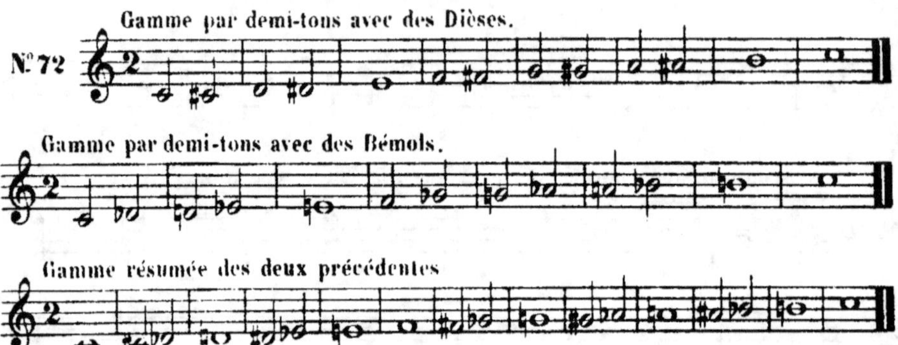

Bien qu'il existe une différence entre l'intervalle d'Ut naturel à Ut ♯, et l'intervalle d'Ut naturel à Ré ♭, on est convenu, pour la facilité de l'intonation, d'identifier ces deux intervalles, c'est-à-dire de n'en faire qu'un seul: de sorte qu'après avoir fait entendre Ut naturel, on peut en montant d'un demi-ton dire Ut ♯ ou Ré ♭, de même qu'en descendant, on dira Ut ♯, Ut naturel ou Ré ♭, Ut naturel.

Cette différence d'intervalle n'est appréciable que pour les instruments à cordes. Sur le Piano, l'Orgue et généralement tous les instruments à clavier, la même touche fait Ut ♯ et Ré ♭, Ré ♯ et Mi ♭.

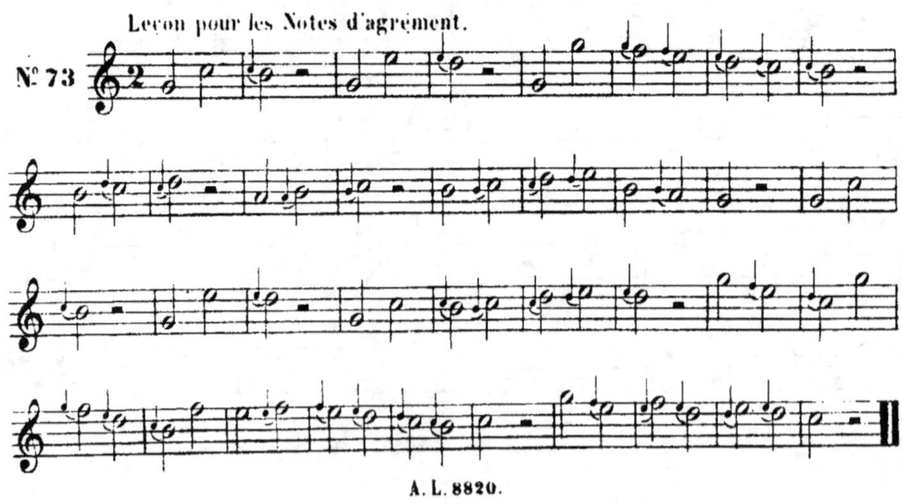

N.° 74
Leçon pour se familiariser avec le premier Dièse et le premier Bécarre.
N.° 75
Allegretto.
N.° 76
tr
tr
tr

Allegretto.
N.º 77
Andante.
N.º 78
Leçon pour se familiariser avec le Sol # accidentel.
N.º 79

Andantino.
N.º 80
Andantino.
Nº 81
Andantino.
Nº 82
tr
Leçon pour se familiariser avec les deux premiers Dièses.
Nº 83

Andante.
Nº 84
Nº 85

Allegretto.
N.° 86
La même leçon que ci-dessus mise à Six-huit.
N.° 87
tr
tr

Andante.
Nº 88
Andante.
Nº 89
Réduction de la leçon précédente au moyen de la mesure à Trois-huit.
Nº 90
Andante.
Nº 91

Réduction de la leçon précédente au moyen de la mesure à Trois-huit.
N.º 92
Grazioso.
N.º 93

Leçon pour se familiariser avec le Ré♯ et le La♯ accidentels.

A.L. 8820.

Leçon pour se familiariser avec les deux premiers bémols.
N.º 97
Andantino.
N.º 98
A.L. 8820.

Allegretto.

N.º 99

Allegro.

N.º 100

Leçon pour se familiariser avec l'Ut # et le Sol # accidentels.
N.º 101

N.º 102
N.º 103

Leçon pour se familiariser avec l'Ut♯ et le Sol♯.
N.º 104
Moderato.
N.º 105
Moderato.
N.º 106
tr
tr

48

Andante.
Nº 110

Andante.
N.º 111
Moderato.
N.º 112
MARCHE
N.º 113
A. L. 8820.

Andantino.

Nº 114

Leçon pour se familiariser avec le La ♯ et le Mi ♯ accidentels.

Nº 115

Nº 116

Nº 117

VARIATIONS
N.° 118
N.° 119
Leçon pour se familiariser avec le Mi♭ et le La♭.
Andantino.
N.° 120
tr

Moderato.
Nº 121.
1ª
2ª
1ª
2ª
Andantino.
Nº 122
A. L. 8820.

Allegretto moderato.
Nº 123
A.L.8820.

Allegretto.
Nº 124

Leçon pour se familiariser avec le Fa♯ et l'Ut♯ accidentels.

A. L. 8820.

Leçon pour se familiariser avec le Sol # et le Ré #.
N.º 128

Allegro.

N.º 129

MINEUR

Leçon pour se familiariser avec le Mi♯ et le Si♯ accidentels.

N.º 130

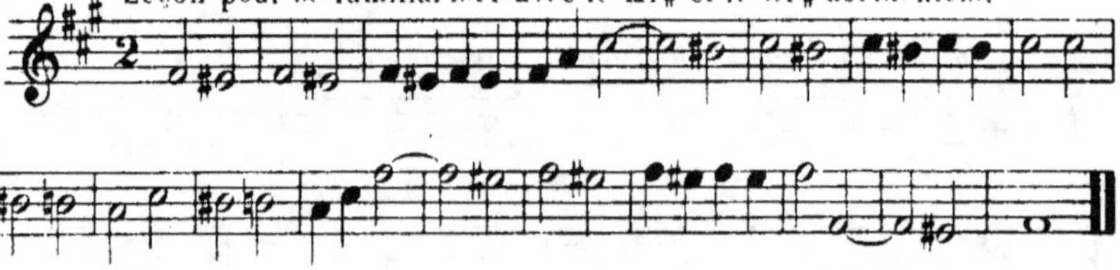

Adagio.

N.º 131

Andante.
N.º 132
A.L. 8820.

Allegro moderato.
N.º 133
A.L.8820.

Allegro moderato.

Nº 134

N.º 135

Moderato.

Leçon pour se familiariser avec le La♭ et le Ré♭.
Nº 136  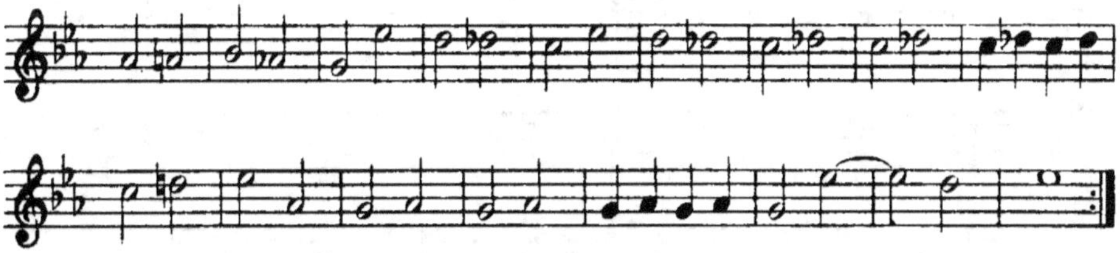
Allegro moderato.
Nº 137
A.L. 8820

Moderato.
N? 138
Andantino.
N? 139
A. L. 8820.

Adagio.
N.º 140
A.L. 8820.

66
Allegro.
N.º 141
FIN
Leçon pour se familiariser avec le premier Bécarre accidentel.
N.º 142
Allegro moderato.
N.º 143
A.L.8820.

Leçon pour se familiariser avec le Ré ♯ et le La ♯.
Nº 144
Moderato.
Nº 145
tr
A.L.8820.

Adagio.
Nº 146
tr
tr
6
6
6
6
3
tr
6
3
3
3
3
3
3
3
tr
A.L. 8820.

Andante.
Nº 147
Moderato.
Nº 148
tr
A.L.8820.

Leçon pour se familiariser avec le Dièse ou le Double dièse accidentels.
N.º 149

Andante.

N.º 150

Andantino.

N.º 151

Allegro moderato.
Nº 152

Leçon pour se familiariser avec le Réb et le Solb.

Nᵒ 153

A.I. 8820.

Andantino.
Nº 156
Nº 157

Leçon pour se familiariser avec le Mi♮ et le Si♮ accidentels.
N.º 158
Allegro moderato.
N.º 159

Andante.
N.º 160

Leçou pour se familiariser avec le La♯ et le Mi♯.

N.º 161

Affettuoso.

N.º 162

N.º 163

On répétera plusieurs fois la 1re partie du chant et l'on fera de même pour la 2de partie;
et lorsqu'elle sera bien sue, on lira *sans interruption* les deux parties.

A.L.8820.

Même observation qu'au N° 164.

THÉME
Andante.
N° 165
1re VAR.
2e VAR.
3e VAR.
4e VAR.

N.º 166

Leçon pour se familiariser avec le Fa x et l'Ut x.
N° 167
Allegro.
N° 168

Leçon pour se familiariser avec le Sol ♭ et l'Ut ♭.
N° 169
Adagio.
N° 170
Allegro moderato.
N° 171
A.L.8820.

Leçon pour se familiariser avec le La ♮ et le Mi ♮ accidentels.
N° 172
Andantino
N° 173
FIN
MAJEUR
A.L.8820.

86
N.º 174
Moderato.
Leçon pour se familiariser avec le Mi ♯ et le Fa ♯.
N.º 175
N.º 176
Allegro.
A.L. 8820.

tr
Leçon pour se familiariser avec l'Ut x et le Sol x.
N° 177
Allegro moderato.
N° 178
tr
tr
tr
A.L.8820.

Leçon pour se familiariser avec l'Ut ♭ et le Fa ♭.
N? 179
Andantino.
N? 180
Leçon pour se familiariser avec le Ré ♮ et le La ♮ accidentels.
N? 181

Moderato.
N.º 182
Moderato.
N.º 183

Allegro moderato.
Nº 184

Moderato.
N.º 185
A.L.8820.

Allegro moderato.
Nº 186

Allegro moderato.
N.º 187

Allegro moderato.
N.º 188
A.L.8820.

QUATRIÈME PARTIE

LEÇONS SUR LES CLÉS D'UT ET DE FA

CLÉ d'UT sur la 1re LIGNE.

Andante.
N.º 192
MINEUR
N.º 193
Allegretto.
N.º 194
tr
1ª
2ª
1ª
2ª
A.L.8820

Moderato.
N.º 195
FIN
Affettuoso.
N.º 196
tr

Amoroso.
Nº 197
MAJEUR
FIN
Allegretto.
Nº 198
FIN
A.L.8820

Nº 199

FIN

Allegretto.

Nº 200

tr

FIN

Moderato.

Nº 201

tr

CLÉ d'UT sur la 3me LIGNE
N.º 202
UT RÉ MI FA SOL LA SI UT RÉ MI FA SOL LA SI UT
Notes sur les lignes.
RÉ FA LA UT MI SOL SI
Notes dans les interlignes.
UT MI SOL SI RÉ FA LA UT
N.º 203
tr

Andante.
Nº 204
Andantino.
Nº 205
Andantino.
Nº 206
tr
tr
tr
tr
1ª
2ª

Andantino.
Nº 207
Allegro moderato.
Nº 208
Larghetto.
Nº 209
A.L. 8820

Allegro moderato.

N.º 210

CLÉ d'UT sur la 4.ᵐᵉ LIGNE

N.º 211

Notes sur les lignes.

Notes dans les interlignes

N.º 212

A.L. 8820

105
Allegretto.
Nº 213
FIN
Andantino.
Nº 214
tr
Grazioso.
Nº 215
tr
A.L.8820.

Moderato.

N° 216

Andante.

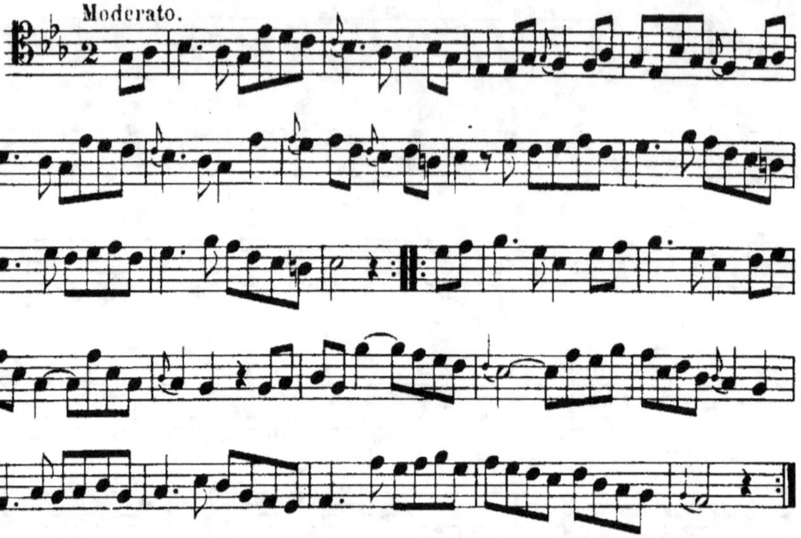

N° 217

Allegretto

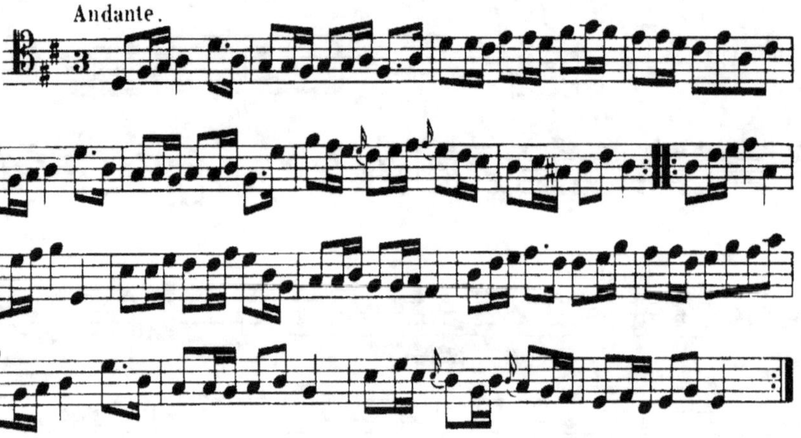

N° 218

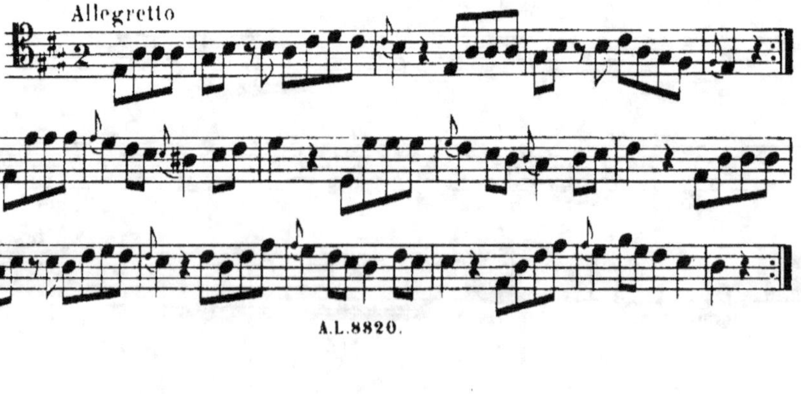

Andante.
Nº 219
FIN
Allegro moderato.
Nº 220
tr
tr
tr
tr
tr
J. L. 8820

CLÉ de FA
N.º 221
SOL LA SI UT RÉ MI FA SOL LA SI UT RÉ MI FA SOL
Notes sur les lignes.
SOL SI RÉ FA LA UT MI SOL
Notes dans les interlignes.
LA UT MI SOL SI RÉ FA
N.º 222

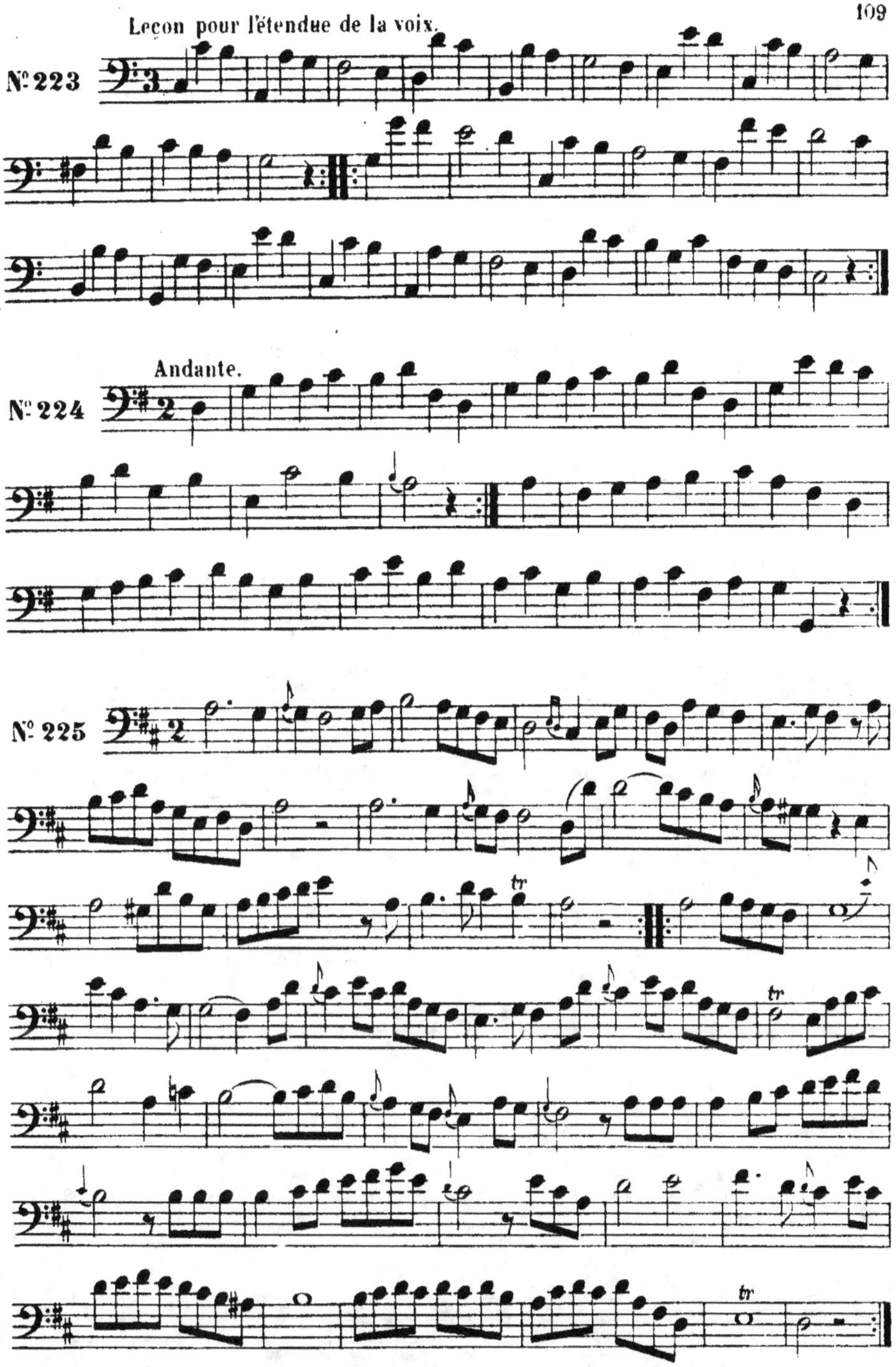

Leçon pour l'étendue de la voix.

N.º 223

Andante.

N.º 224

N.º 225

A.L.8820.

Allegretto.
N.º 226
FIN
Allegro.
N.º 227
Moderato.
N.º 228
tr

Allegro moderato.
N° 229
tr
FIN
A.L.8820
Paris Imp A.Chaimbaud et Cie